日本一うんこが出てくるなぞなぞ

うんこ なぞなぞ

2年生

文響社

このほんの　つかいかた

1しょうから　4しょうまでの
なぞなぞを　とこう！
（「こたえ」は　なぞなぞの
つぎの　ページに　あるよ。）
さいごに　じごくの
ページに　ちょうせんしよう！

むずかしい
もんだいには
わしが　ヒントを
だすことも
あるぞい！

うんこ先生

おうちのかたへ

この本は、お子さまが大好きな「なぞなぞ」と「うんこ」を組み合わせたこれまでにない新しいなぞなぞの本です。この本を通じて楽しく「地頭」を鍛えることができます。

「うんこ」を興味関心の入り口として、情景・状況が設定されたなぞなぞ文を読むことで、語彙力・想像力を鍛えます。

また難しいなぞなぞでは充実したヒントや解説をもとに、予想をたてながら答えを落とし込むことで思考力・発想力を鍛えることができます。

さらに、親子や友達同士でなぞなぞを出し合うことでお子様のコミュニケーション力を鍛える練習もできます。

ぜひ、なぞなぞを出し合って大笑いしながら地頭を鍛えましょう！

※一部なぞときの要素が強いページも含まれます。

1 しょう

めくってね

つぎの　ページから
なぞなぞが　はじまるよ！

なぞ01

うんこを　したい人は　だれでしょう。

うんこ通りで　車を　見ていたら、
うんこを　いっしょうけんめい
がまんしている　人を　見つけました。

34-34
12-12

1しょう
2しょう
3しょう
4しょう
じごくのページ

うんこを　いっしょうけんめい
がまんしているのは、
何色の　車に　のっている　人でしょうか。

56-56
41-41

ヒント｜車の　ナンバープレートを　よく　見てみると・・・？

こたえは　つぎの　ページ

なぞ01 こたえ

ピンク色の車にのっている人

もれるぅぅ
バタン

どうして？

車（くるま）の　ナンバープレートが
5656　だからです。

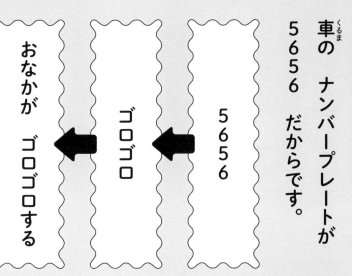

5656
←
ゴロゴロ
←
おなかが　ゴロゴロする

ゴロゴロ
ゴロゴロ
ゴロゴロ
56-56
おなかが　5656（ゴロゴロ）したら
すぐに　トイレに　行（い）くのじゃ！

なぞ 02

にじ色に　かがやく　うんこ

つくえの　上に　うんこが　のっている　おさらが　あります。
そのうち　1まいの　おさらを　かたづけました。

すると、のこった　うんこが
にじ色に　かがやきはじめました！

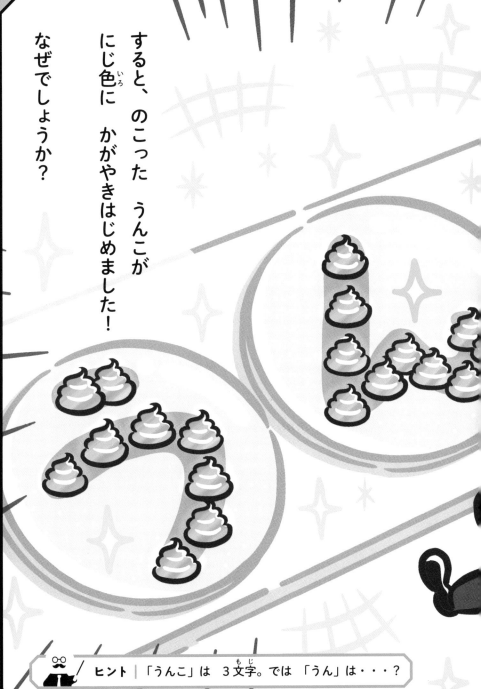

なぜでしょうか？

ヒント｜「うんこ」は　3文字。では　「うん」は・・・？

こたえは　つぎの　ページ

なぞ
02
こたえ

にじ（2字）に
なったから。

かいせつ！

「うんこ」は　3文字。
そこから　1文字を　とったから
「にじ」（2字↓虹）に　なりました。

うんこ
↑
3文字

うん
↑
2文字

わしも　にじ色に　かがやく
うんこが　ほしいぞい！

BREAK

きゅうけいのページ

うんこ先生の ひみつを しょうかいします。

うんこ先生は
うんこ学園の
校長先生で
国語の 先生でも
あります。
せいかくは
ゆったりと していて
マイペースです。

すきな 食べものは
すし・うどん・
チョコレートです。

よろしくなのじゃ！

きらいな 食べものは
からいもの・
しそです。

なぞ 03

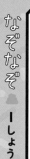

お父さんと いっしょに
うんこ公園に 来ました。

うん！この ベンチからは
ふんすいが みえて いいね！

この 言葉の 中に
3つの うんこが かくれて います。
さがしてみましょう。

※ひらがなと カタカナの くべつは ありません。

ヒント｜「うんこ」は 「べん」や 「ふん」とも いうぞい！

こたえは つぎの ページ

なぞ 03 こたえ

べん（便[べん]）

うんこ

うん！このベンチからは
ふんすいが　みえて
いいね！

ふん（糞[ふん]）

3つの　うんこが　かくれて　いました。

ワーイ

なぞ04

かっこいい　お兄さんが
うんこを　がまんしています。
しかし、もうすぐ
うんこが　出そうです。

この　お兄さんの
しょくぎょうは
何でしょうか。

ヒント　うんこが「もう　出る」ぞい。

ハァ
ハァ
ハァ
ハァ

← こたえは　つぎの　ページ

なぞ 04 こたえ

モデル

うんこが
「もう・出る」から
モデルです。

うんこを　すませて
かっこいい　ポーズを
きめたようです。

1しょう
2しょう
3しょう
4しょう
じごくのページ

なぞ 05

こんもりと　もりあがった
うんこが　あります。
だれかに　ふまれたので
○○○んこに　なりました。
○○○に　あてはまる
言葉は　何でしょうか。

← こたえは　つぎの　ページ

なぞ05 こたえ

ぺちゃんこ

または

ぺしゃんこ

うんこが　ふまれたので
ぺちゃんこ（ぺしゃんこ）に
なりました。

ちなみにうんこを
ふんだのは
うんこかいじゅうです。

「ぺったんこ」も　正かいじゃよ！

なぞ 06

男の子が　トイレに
行きました。

へびの　ような
うんこが　出ました。

この　うんこの　おもさは
おもい・かるい
どちらでしょうか。

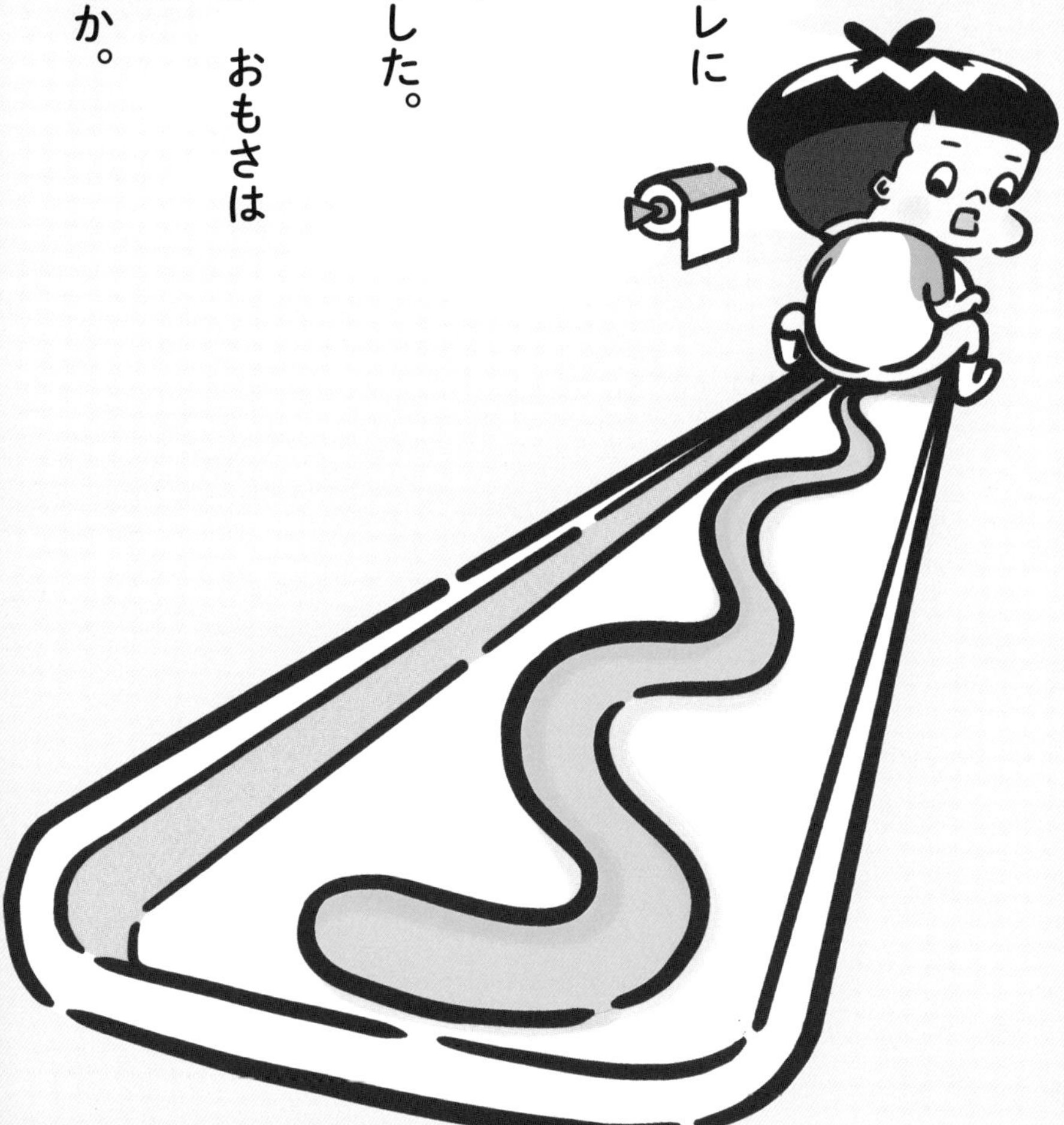

こたえは　つぎの　ページ

なぞ 06 こたえ

おもい

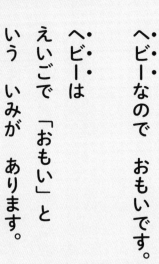

へびの ような うんこは
ヘビーなので おもいです。
ヘビーは
えいごで 「おもい」と
いう いみが あります。

テヘ♡
100kg
キログラム

なぞ 07

空手（からて）の　たつじんが
げりに　なりました。
この　げりを　回（まわ）すと
どんな　わざが
出（で）るでしょうか。

こたえは　つぎの　ページ

なぞ 07 こたえ

まわしげり

げりを 回すと
回しげりに なりました。
とても
かっこいいですね。
お見事！

なぞ 08

うんこアイドルグループが
うんこに　むかって
コーラスを　しました。

この　うんこは
あつく　なったでしょうか。

それとも　つめたく
なったでしょうか。

こたえは　つぎの　ページ

なぞ 08 こたえ

つめたく　なった

コーラスの　えいきょうで
つめたく　なりました。

コーラス ← こおらす ← つめたく　なった

ブル
ブル
ブル
ブル
ブル
ブル

なぞ09

この 場所(ばしょ)は くさいですね。もしかして、ここは…
うん、？ だよ！

？は 何(なん)でしょうか。

①フェリーのり場(ば)
②しんかんせんの えき
③国(こく)さい空(くう)こう

こたえは つぎの ページ

なぞ
09
こたえ

③ 国さい空こう

（国際空港）

国さい空こうは うんこの においが します。

!?

うん、こくさいくうこうだよ！

うんこ くさい くうこうだよ！

もちろん 本物の 国さい空こうは くさくないから 安心じゃよ！

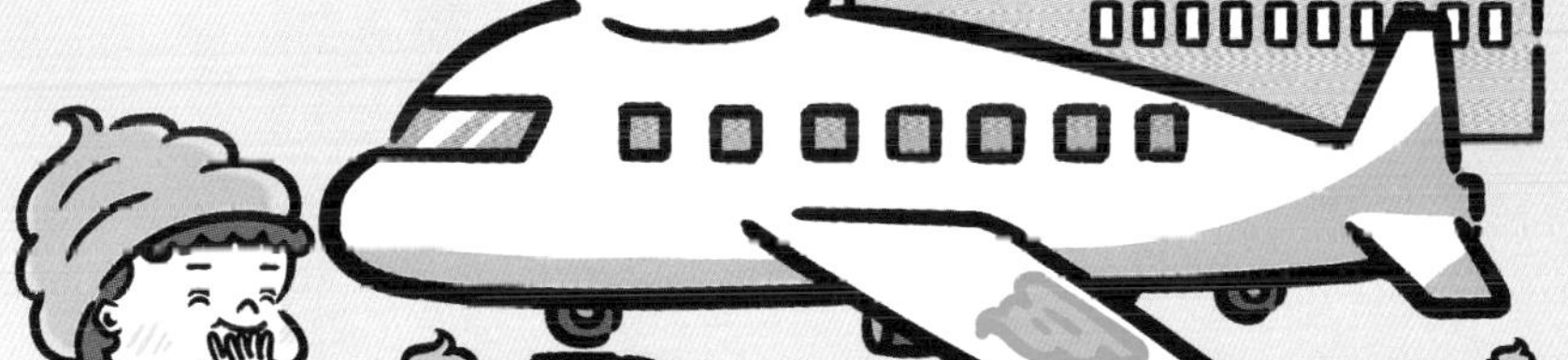

1しょう

2しょう

3しょう

4しょう

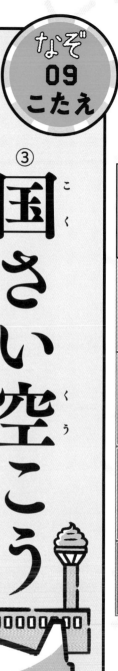

じごくのページ

なぞ 10

うんこ王国が　あります。
この　王国で
ただ　ひとつ　くさい　うんこは
どれでしょうか。

①2人の　王さまの　うんこ
②3人の　おひめさまの　うんこ
③4人の　へいたいの　うんこ

← こたえは　つぎの　ページ

なぞ10 こたえ

① 2人の王さまのうんこ

2人の　王さまの　うんこは
におうのです。

2人の　王さま

2・王

におう

なぞ 11

車を うごかしている 人は
うんこを 何回
するでしょうか。

TAXI
12-34

なぞ 12

2ひき あつまると
うんこを したくなる
魚は 何でしょうか。

こたえは つぎの ページ

なぞ 11 こたえ

10かい

車(くるま)をうごかす　人(ひと)は
運転(うんてん)（ウン・10(テン)）します。

なぞ 12 こたえ

ブリ

ブリが　2ひき
あつまると
「ブリブリ」です。

なぞ 13

ゴシ
ゴシ
ゴシ
ゴシ

ヒント
「うんこ」は 「べん」とも
いうぞい！

うんこを ごしごし
みがいている 人の
しょくぎょうは
何でしょうか。

なぞ 14

トイレで うんこを
水に ながす ときに
出てくる 花は
何でしょうか。

← こたえは つぎの ページ

なぞ13 こたえ

べんごし（弁護士）

うんこ（＝べん）を ごしごし
みがく 人は べんごしです。

うんこほうりつじむしょ
だいひょう
うん山 うん子
00-000-0000

なぞ14 こたえ

すいせん（水仙）

水洗（すいせん）トイレに
出てくる 花は
水仙（すいせん）です。

なぞ 15

うんこを　出す　あなが
5こも　ある　生きものは
何でしょうか。

ヒント　海の　生きものじゃよ！

なぞ 16

うんこの　後で
する　ことなのに
うんこの　ときは
じゃまに　なるのは
何でしょうか。

こたえは　つぎの　ページ

なぞ15 こたえ

あなご

あなが　5こ　ある
生きものは
あなご（あな・5）です。

おうちのかたへ：これはなぞなぞです。
実際のあなごの特徴とは異なります。

なぞ16 こたえ

ふく

（拭く・服）

うんこを　した　後は
「ふく」けれども
うんこを　する　ときは
「ふく」が　じゃまですね。

2 しょう

めくってね

つぎの　ページから
なぞなぞが　はじまるよ！

なぞ 17

うんこどろぼう　を　つかまえろ！

うんこを　ぬすんだ　どろぼうを
うんこけいさつが
おいかけていたら、

5つの　かんばんが　ある
わかれ道に　たどりつきました。

な

どの　道から　おいかけると
よいでしょうか。

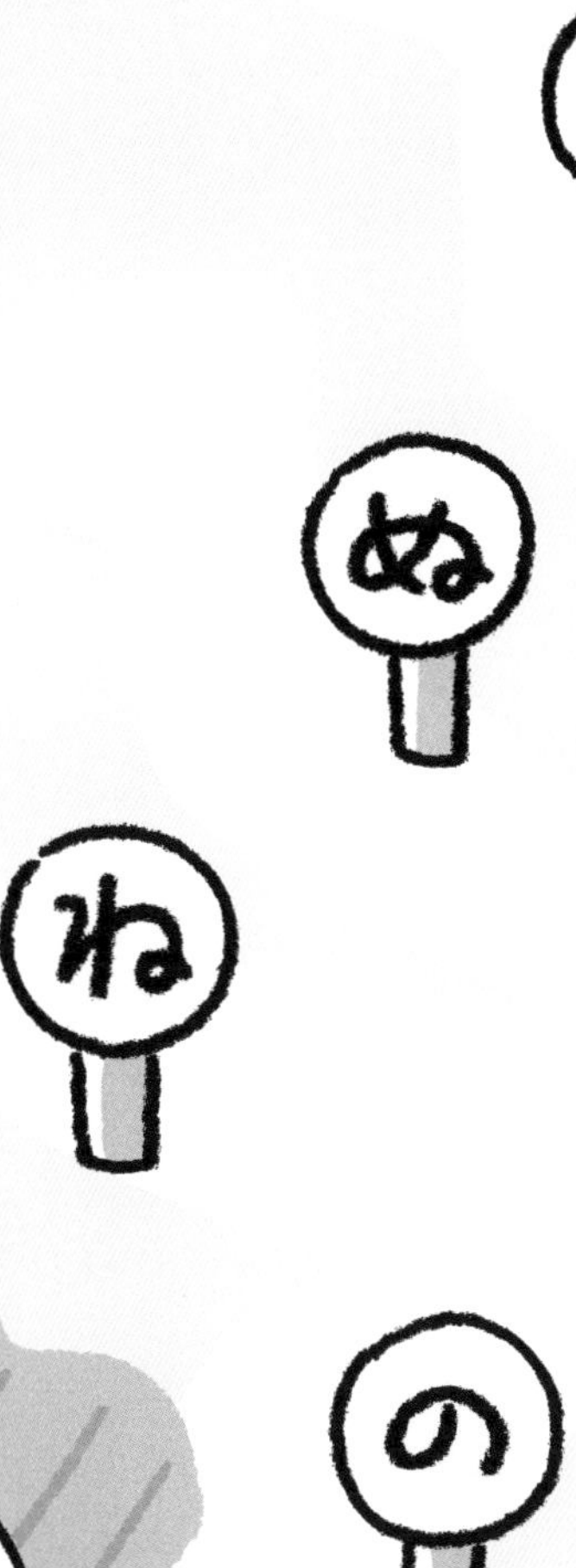
に
ぬ
ね
の

ヒヒヒッ

ヒント｜うんこは　におうのじゃ！

こたえは　つぎの　ページ

なぞ 17 こたえ

に の道

うんこどろぼうは
うんこが　におう
道の　先に　いました。

に

どうして？

うんこどろぼうが
もっている　うんこは
「におう」ので
「に」を「おう」のが
正かいです。

におう
↓
㊁おう

うんこけいさつは　かっこいいのう！
あこがれるぞい！

なぞ18 たのしい うんこカードゲーム

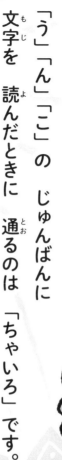

つくえの 上に 「うんこカード」が
ならんでいます。
「う」「ん」「こ」の じゅんばんに
文字を 読んだときに 通るのは 「ちゃいろ」です。

く
れ
な
こ

では「と」「い」「れ」の じゅんばんに
文字を 読んだときに 出てくる ことばは 何でしょうか。

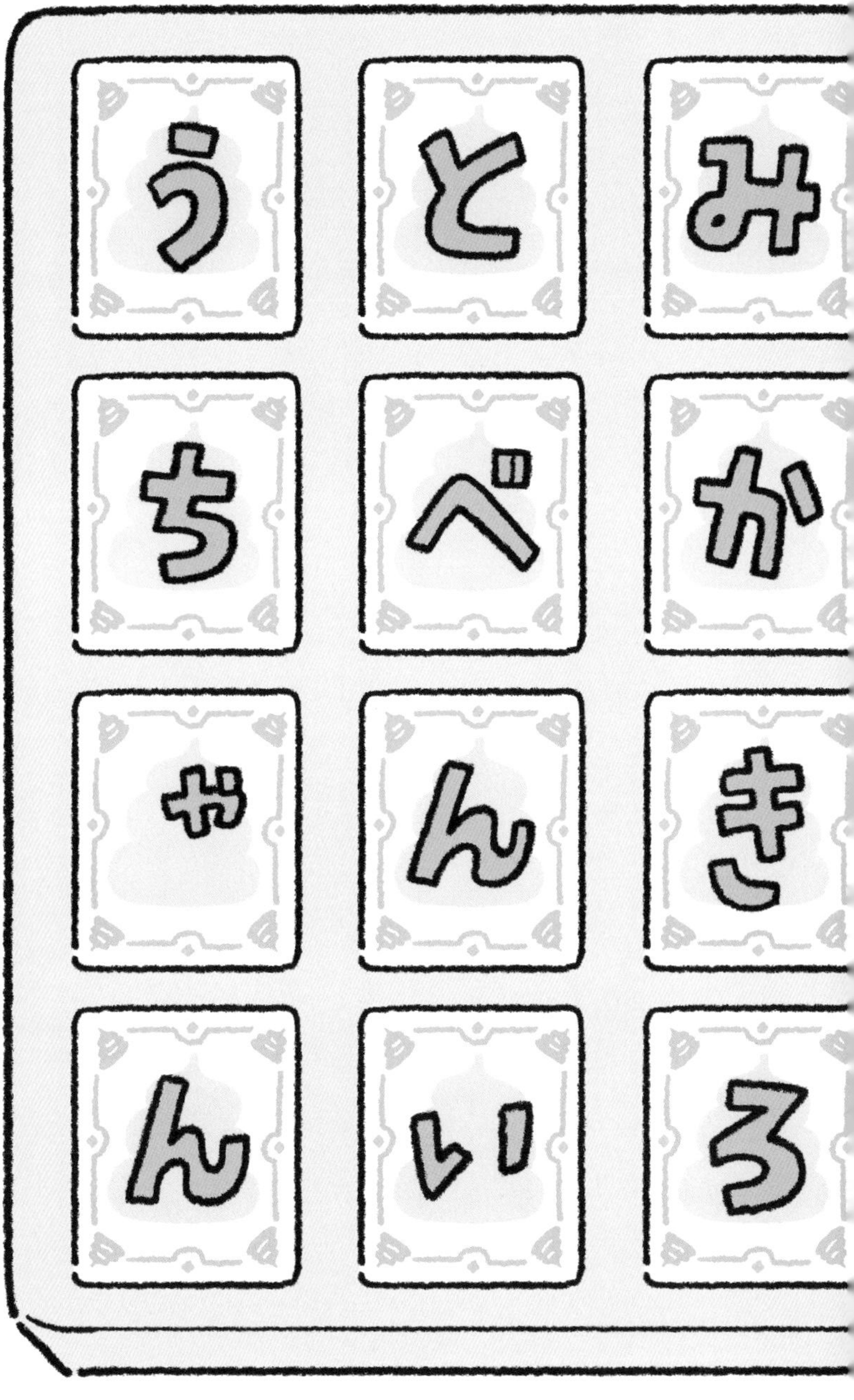
う
と
み
ち
べ
か
ゅ
ん
き
ん
い
ろ

ヒント｜3文字の ことばが 出てくるぞい！

こたえは つぎの ページ

なぞ 18 こたえ

べんき

「といれ」の　間に
出てくる　文字を　読むと
「べんき」になります。

と
い
れ

くわしく！

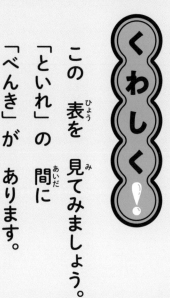

この 表(ひょう)を 見(み)てみましょう。
「といれ」の 間(あいだ)に
「べんき」が あります。

うとみく
ちべかれ
ゃんきな
んいろこ

おまけ

「うんこ」の間(あいだ)には
「ちゃいろ」があります。

うとみく
ちべかれ
ゃんきな
んいろこ

うんこカードに　こんな　ことばが
かくされて　いたとは　ビックリじゃ！

BREAK

きゅうけいのページ

うんこ先生の　しゅみを　しょうかいします。

ざつ学が　すきで
とっても
もの知りです。

けんこうに
よいと　聞いたら
何でも　すぐに
やって　みます。

自分で　考えた
「新しい　漢字」が
本に　なることが　ゆめです。
（すでに　1000こ　考えて　います）

はみ出しじょうほう：うんこ先生は　大すきな　チョコレートを　見ると　はなの　下が　のびます。

なぞ 19

「うんこが　出ないけど
そんな　ことは
むししよう」と
思って　いる　生きものが
います。

何でしょうか。

ヒント　うんこが　「出ん」「むし」じゃ。

こたえは　つぎの　ページ

なぞ19 こたえ

かたつむり

うんこが　出ないことを　むししていた
生きものは　かたつむりでした。

うんこが

出ん・出ん・むし

↓

でんでん虫

↓

かたつむり

※でんでん虫も　正かいだよ

なぞ 20

「うつくしいものコンテスト」で うんこが ひょうしょう されました。
どうしてでしょうか。

ヒント 「うさぎ」や 「うし」も ひょうしょうされたぞい。

こたえは つぎの ページ

なぞ20 こたえ

「う」がつくから。

うんこは「う」が「つく」からうつくしいです。

うんこは「う」が「つく」

う・つく

うつくしい

なぞ 21

友だちから 手紙が とどきました。

でっかい うんこを 行こう！

どんな いみでしょうか。

ヒント 「行こう」の 部分だけ ミニサイズに なっておるぞ。

こたえは つぎの ページ

なぞ 21 こたえ

でっかい うんこを 見に 行こう。

小さく 書かれた 「行こう」は 「見に 行こう（ミニ・行こう）」と いう いみでした。

なぞ22

友だちから 手紙が とどきました。

きみへの プレゼントは

だよ!

プレゼントは 何でしょうか。

ヒント　たてに 読むぞい。こたえは 3文字じゃ!

こたえは つぎの ページ

なぞ 22 こたえ

うんこ

手紙に　あった　絵を
ひらがなに　なおすと
こう　なります。

たてに
読みます。

ぞ	う		
ぱ	ん	だ	
	こ	あ	ら

なぞ 23

お母(かあ)さんが
(ふん)を トイレに
もって いきました。
すると
ある ものに (ふん)が かわりました。
何(なん)でしょうか。

ヒント 夜(よる) ねる ときに つかう ものじゃよ!

こたえは つぎの ページ

なぞ 23 こたえ

ふとん

（ふん）の
「ふ」と「ん」の間（あいだ）に
「と」が入（はい）るから
「ふとん」になります。

と
↑
トイレ
（と・入（い）れ）

ふ○ん（ふん）

ふとん

Zzz

なぞ 24

とても 強気な
おじさんが います。
しかし うんこを した 後
おしりに ごみが ついただけで
きゅうに 弱気に なりました。

どうしてでしょうか。

こたえは つぎの ページ

なぞ
24
こたえ

しりごみしたから。

しりに ごみが ついたので しりごみして 弱気(よわき)に なりました。

なぞ 25

うんこ
どうぶつえん

動物園に　来ました。

フクロウ
キリン
ラッコ

の
おしりを
じゅんばんに　見たら
何かが　出てきました。
何でしょうか。

こたえは　つぎの　ページ

なぞ
25
こたえ

ウンコ

フクロウ・キリン・ラッコの
おしりの　文字を　つなげると
「ウンコ」に　なります。

フクロウ
キリン
ラッコ

ウンコ

UNK

なぞ 26

小学校に ポスターが はって ありました。

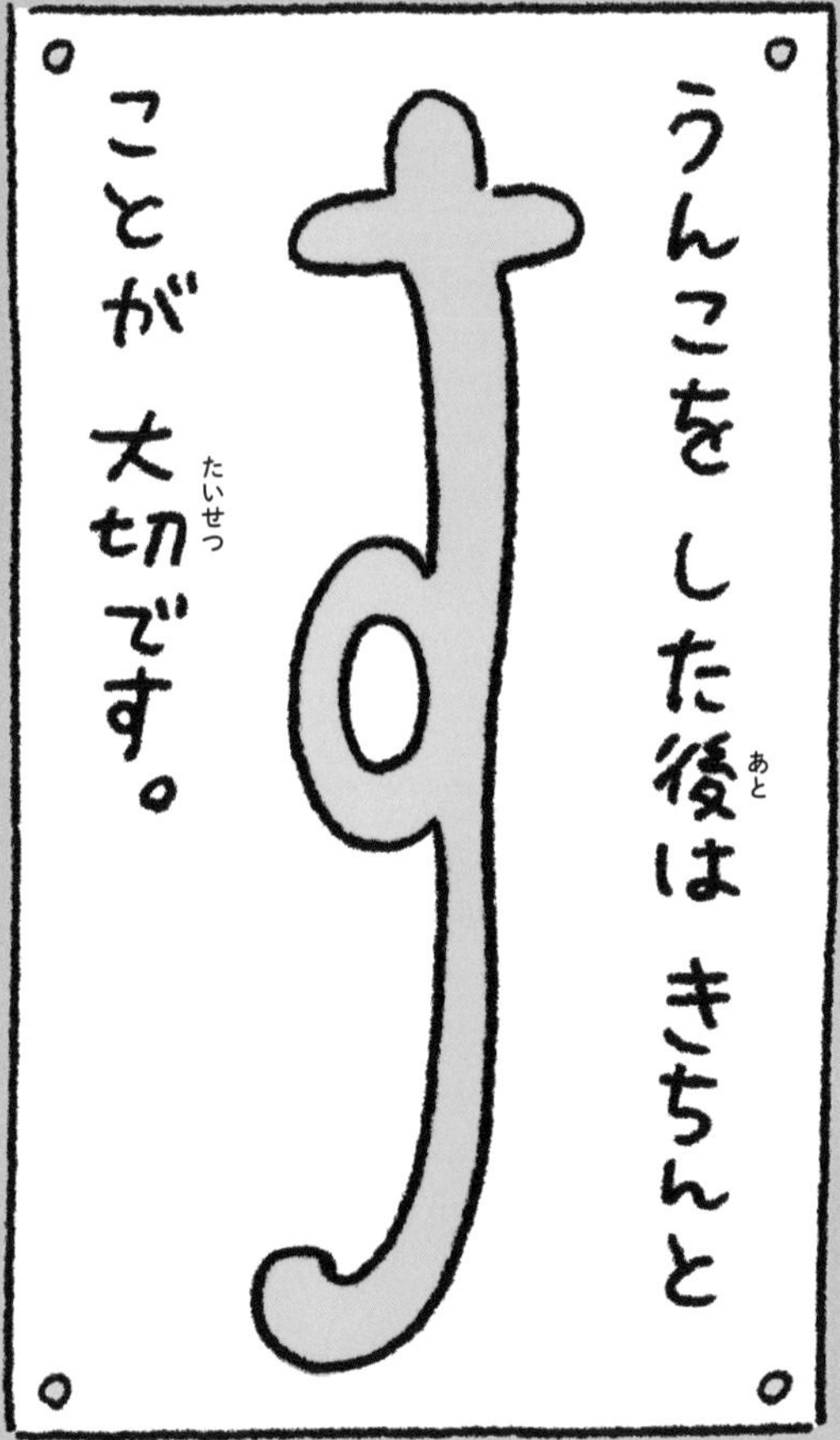
うんこを した後は きちんと
ことが 大切です。

何と 書いて あるでしょうか。

UNKO

こたえは つぎの ページ

なぞ
26
こたえ

うんこを した 後(あと)は きちんと
ながす ことが
大切(たいせつ)です。

長(なが)い 「す」は
「ながす」と いう いみでした。

なぞ 27

うんこが ぎゅうぎゅうに
つめて ある 「しり」は
何でしょうか。

なぞ 28

名前に 💩が
入って いるのに
いい においが する
花は 何でしょうか。

こたえは つぎの ページ

なぞ 27 こたえ

ぎっしり

ぎゅうぎゅうの しりは ぎっしりです。

※「びっしり」でも 正かいです。

なぞ 28 こたえ

ラベンダー

ラベンダーは とても いい においが します。

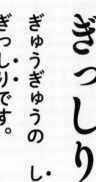

なぞ 29

うんこを　2回　ふむ　人は
何と　言うでしょうか。

UNK

なぞ 30

うんこを　して　とても
すっきりして　いる
どうぶつは　何でしょうか。

こたえは　つぎの　ページ

なぞ 29 こたえ

ふむふむ

「ふむ」が　2回(かい)　あるので
「ふむふむ」です。

なぞ 30 こたえ

キリン

うんこを　して　とても
すっきり（すっ・キリン）です。

なぞ 31

おしりから 出てくるのは
うんこ。
では、本だなに あるのは
どんな 「んこ」でしょうか。

なぞ 32

うんこを 水で 3回
ながすと 出てくる
生きものは 何でしょうか。

← こたえは つぎの ページ

なぞ 31 こたえ

せかいのうんこ

ぶんこ

本(ほん)だなに　あるのは
うんこでは　なく
ぶんこです。

なぞ 32 こたえ

みみず

水(みず)を　3回(かい)（＝3(み)・水(みず)）だから
みみずが　出(で)てきます。

きゅうけいのページ

BREAK

うんこの　たね

うんこ先生の　4コマまんがです。

何かの　たねを
見つけたぞい！
うえてみるぞい！
わく
わく
めが　出たぞい！
どんな　花が
さくかのう！
ドーーン
うんこの　花

きゅうけいのページ

BREAK

金の　うんこ
銀の　うんこ

ああっ！
うんこが　池に！
パシャッ
あなたが　おとしたのは
金の　うんこですか？
それとも　銀の
うんこですか？
いいえ　ふつうの
うんこですじゃ。
正直で　よろしい。
では　りょうほうの
うんこを…
それぞれ　100万こずつ
あげましょう。
どっさり
多すぎでは
ないか!?

空とぶ　うんこ

あっ！
うんこが　空を
とんでおる！
どこへ　行くのかのう。
おいかけて
みるぞい。
トイレ
ポチャンッ
なんと
まじめな
うんこじゃ

3
しょう

めくってね

つぎの　ページから
なぞなぞが　はじまるよ！

なぞ 33

うんこ森の　ふしぎな　かんばん

うんこ森へ　キャンプに　来ました。
ふしぎな
かんばんを
見つけました。

上から読んでも　下から読んでも
同じ　文しょうに　なるように
あてはまる　ことばを
入れましょう。

夜うんこ森で
売るよ。
¥50
¥100

ヒント
ひらがなで　書くと
「よるうんこもりで●●●●うるよ」に　なるぞい。

こたえは　つぎの　ページ

なぞ
33
こたえ

りもこん
（リモコン）

UNKO
TV
1
2
3
4
5
6
7
8
9
10
11
12
OK

リモコン
夜（よる）うんこ森（もり）でリモコン売（う）るよ！
NEW!

どうして？

□□□□に「りもこん」を 入れると上から 読んでも 下から 読んでも 同じ 文しように なるからです。

夜 うんこ森で□□□□売るよ

よるうんこもりで□□□□うるよ

よるうんこもりでりもこんうるよ

上から 読んでも
下から 読んでも 同じ！
声に 出して 読んでみましょう。

わしも うんこの 形を した
リモコンが ほしいのう。

なぞ34

ウンコデパートの　エレベーター

お金もちの　ふうふが
ウンコデパートへ
来ました。

トイレ売り場は　5かいで
パンツ売り場は　8かいです。

HA
HA

「トイレ」が「5」かい、
「パンツ」が「8」かい
だと した 場合、
ウンコ売り場は
何かいでしょうか。

5かい…トイレ売り場
8かい…パンツ売り場
?かい…ウンコ売り場

ヒント トイレは、5画。パンツは、8画。ウンコは…？

こたえは つぎの ページ

なぞ34 こたえ

7かい

ウンコデパートの
ウンコ売り場は　7かいです。
せかい中から　あつめられた
さまざまな　ウンコが
売られて　います。

¥1000000-
¥1500000-
¥2000000-
7かい：ウンコ売り場

どうして？

ウンコデパートでは
売り場の かいすうと
文字の 画数が 同じだからです。

トイレ⬇5画⬇5かい

パンツ⬇8画⬇8かい

ウンコ⬇7画⬇7かい

ウ
ウンコデパート
大バーゲン

うんこの まめちしき

オドロキ!

「きじを うつ」と いう
言葉には 「うんこを する」と
いう いみが あります。

もともとは 山のぼりで
つかわれて いた 言葉です。
（おもに 男の 人に たいして つかいます）

※女性の場合は「お花を摘む」という表現が使われます。
※諸説あります。

なぞ35

空手（からて）の　たつじんが
かたい　うんこを
2つに　わりました。

すると　かたい　うんこが
やわらかく　なりました。
なぜでしょうか。

ヒント　うんこは　「ふん」　とも　いうぞい！

心（しん）・技（ぎ）・体（たい）・うんこ

こたえは　つぎの　ページ

なぞ 35 こたえ

ふんわりしたから

うんこ（＝ふ・ん・）を　わ・っ・た・から　ふ・ん・わ・り・しました。

ふん
わり
ふんわり

なぞ36

いろいろな　うんこの
おもさを　はかりました。
58グラムの　うんこ
931グラムの　うんこ
999グラムの　うんこ
一番(いちばん)　におうのは
どの　うんこでしょうか。

999g
グラム
931g
グラム
58g
グラム

こたえは　つぎの　ページ

なぞ 36 こたえ

931グラムのうんこ

931グラムの うんこは
とっても 9（く）・3（さ）・1（い）です。

931 → 9（く）・3（さ）・1（い） → **くさい**

999g
931g
58g

なぞ37

ふしぎな メモを 見つけました。

きのう↓きょ①↓あした
きょね②↓③とし↓らいねん

①②③に あてはまる 文字を 読むと 何が 出てくるでしょうか。

こたえは つぎの ページ

なぞ37
こたえ

うんこ

①＝う ②＝ん ③＝こ なので
「うんこ」に なります。

きのう→きょ①（う）→あした
きょね②（ん）→③（こ）とし→らいねん

なぞ 38

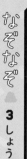

おじさんが おしりに トイレットペーパーを つけたまま トイレから 出てきました。

すると 犬が 来ました。

この後 犬は 何を したでしょうか。

W.C

こたえは つぎの ページ

なぞ38 こたえ

かみついた

トイレットペーパー（かみ）がついたので「かみついた」です。

紙（かみ）・ついた

← かみついた

紙をとってくれたのか！ありがとう！

なぞ 39

うんこ先生と
ねこちゃんと
こあらくんと
りすくんが
公園に　行きました。

しかし
りすくんだけ　ブランコに
のりませんでした。

なぜでしょうか。

こたえは　つぎの　ページ

なぞ39 こたえ

こがないから

りすくんだけ 名前に「こ」が ないので ブランコを「こがない」のです。

うんこ先生
ねこちゃん
こあらくん

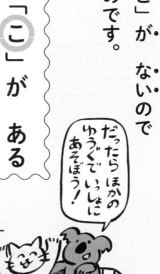

↓

「こ」が ある

りすくん

↓

「こ」が ない
(こがない)

だったら ほかの ゆうぐで いっしょに あそぼう！
なるほど なのじゃ！
ありがとう！

なぞ 40

水族館に ポスターが ありました。

うんこ いつでも
ぶりぶり だします。
? ?

この ポスターに 魚が 3しゅるい かくれて います。
何でしょうか。

こたえは つぎの ページ

なぞ 40 こたえ

こい・ぶり・ます

ポスターに かくれていた 魚(さかな)は 「こい」「ぶり」「ます」でした。

うんこ いつでも
ぶりぶり だします。

なぞ 41

友だちから お手紙を もらいました。

わたしの おうちに
3時の 5💩まえに
来てね

何時 何分に 行けば よいでしょうか。

こたえは つぎの ページ

なぞ
41
こたえ

2時55分

3時の5ふん前なので2時55分になります。

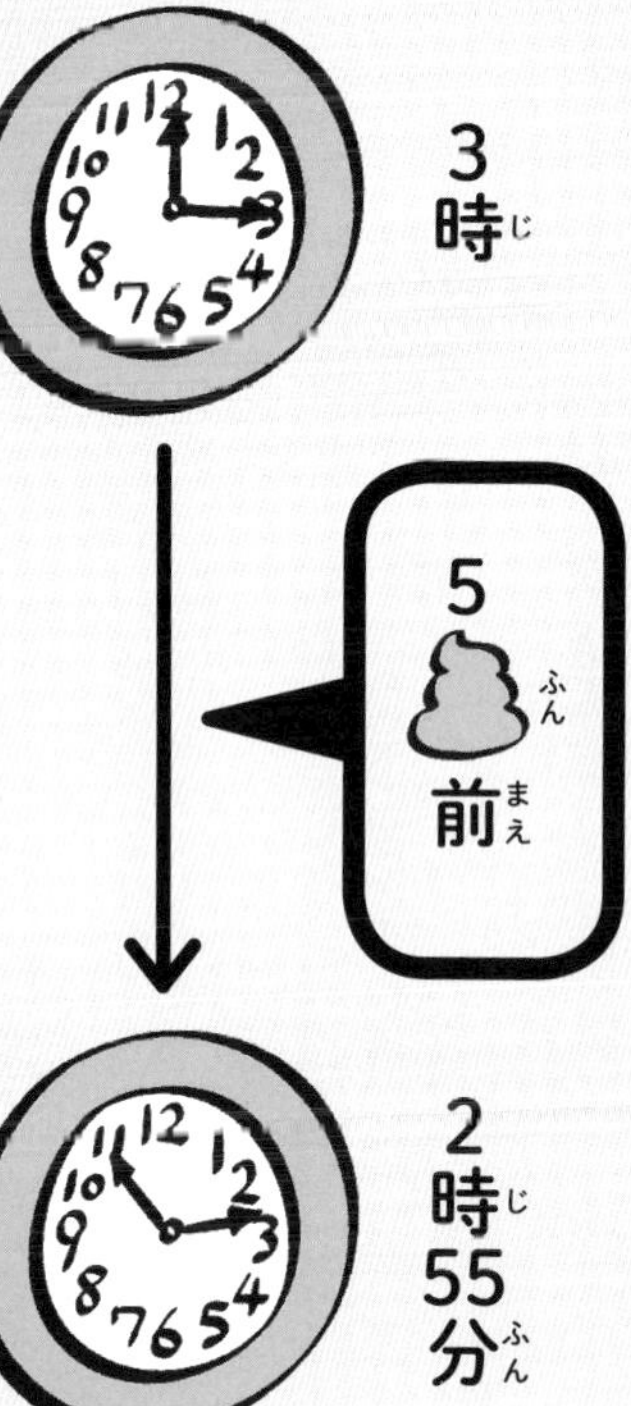

3時
5ふん前
2時55分

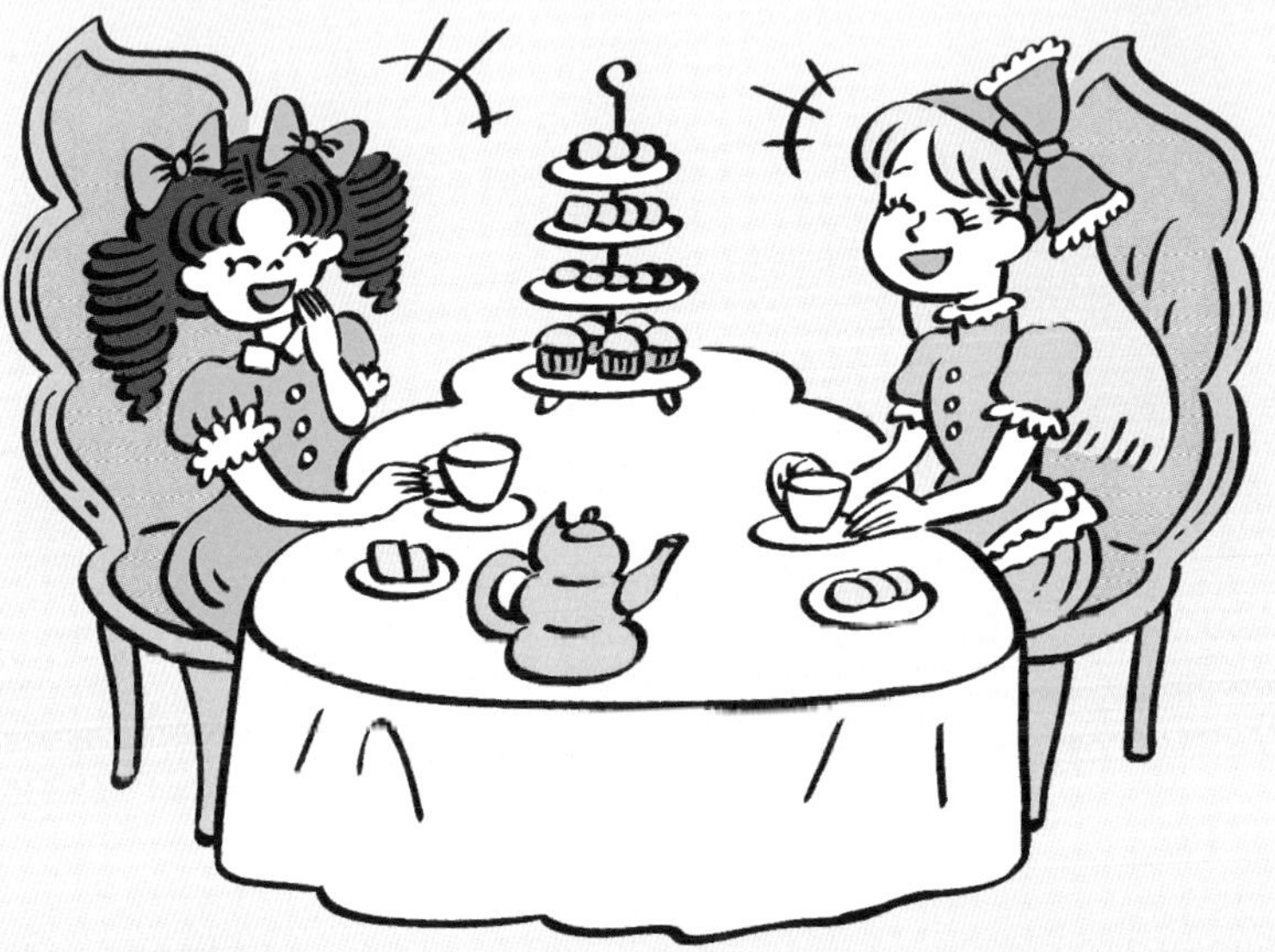

なぞ 42

うんこを 出します。
ぶりぶりと 音が
します。
そのとき 1回だけ
どん！と 音が したら
何が 出てくるでしょうか。

どん！
!?

こたえは つぎの ページ

なぞ 42 こたえ

どんぶり

「ぶりぶり」に「どん」が入るから「どんぶり」が出てきます。

なぞ43

絵うんこ…？
え
う
ん
こ

ひらがなを　ならべかえると
ある　言葉が　出てきます。
何でしょうか。

なぞ44

うんこは　ぶりぶりです。
では、野球の　バットを
ふっても　ボールに
あたらないのは
どんな　「ぶり」　でしょうか。

こたえは　つぎの　ページ

なぞ 43 こたえ

こうえん

「えうんこ」を
ならべかえると
「こうえん」に
なります。

なぞ 44 こたえ

からぶり

つぎは ヒットや
ホームランが
うてると いいですね。

つぎは
がんばるぞ

なぞ45

〇〇に　あてはまる
言葉は　何でしょうか。

ようしき
トイレ

↓

すわる

わざと
人を
こまらせる

どいてよ！

↓

〇〇わる

なぞ46

うんこを　する　ときに
トイレで　つかう
りっぱな　はきものは
何でしょうか。

？？

← こたえは　つぎの　ページ

なぞ
45
こたえ

いじわる

さっきは いじわるして ごめんよ
いいよ 気に しないで！

トイレに　すわるのは
いいけれど
いじわるを　するのは
やめましょう。

なぞ
46
こたえ

スリッパ

スリッパは
りっぱな　はきものです。

なぞ 47

のうんこ

これは 何の
どうぶつの
うんこでしょうか。

なぞ 48

うんこを する ときは
「ふんばる」。
では、うんこの 大きさを
きょうそうしあう 相手は
どんな 「ばる」 でしょうか。

こたえは つぎの ページ

なぞ 47 こたえ

わに

○（わ）が 2つ あるので
わに（わ・2）です。

なぞ 48 こたえ

ライバル

うんこは
「ふんばる」
きょうそう相手（あいて）は
「ライバル」です。

4 しょう

めくってね

つぎの　ページから
なぞなぞが　はじまるよ！

なぞ49

どっちの チーム？

「あるチーム」と 「ないチーム」が あります。

あるチーム
カツオと
トイレに
行く
WC

ないチーム
マグロと
トイレに
行く
WC

「たぬきの うんこ」は
どちらの チームに 入（はい）るでしょうか。

うんこ
うんこの
教科書（きょうかしょ）
かた足（あし）・立（た）った

うんこ
ドリル
うんこ
ドリル
かた手（て）・もった

こたえは つぎの ページ

なぞ
49
こたえ

あるチーム

「あるチーム」には かならず
日にちを あらわす 言葉が あります。

カツオと トイレに 行く → おととい

うんこの 教科書 → きょう

かた足・立った → あした

たぬきの うんこ → きのう

あるチーム

なぞ 50

うんこ　もりもり　している
おばあちゃんが　います。
この　おばあちゃんの
しょくぎょうは　何(なん)でしょうか。

①学校(がっこう)の　先生(せんせい)
②ベビーシッター
③かんごし

こたえは　つぎの　ページ

なぞ50こたえ

②

ベビーシッター

うんこ もりもり しているので
こもり（子守り）を しています。

※ベビーシッターは 赤ちゃんや
子どもの 子守り（おせわ）を する おしごとです。

なぞ 51

◎◎◎◎を　つかって
うんこの　絵を　かきました。
すると　みんなに
「その　絵を　くれよ！」
と　言われました。
◎◎◎◎とは　何でしょうか。

こたえは　つぎの　ページ

なぞ 51 こたえ

クレヨン

みんな「その絵(え)をくれよ！」と言(い)っていました。

クレヨン

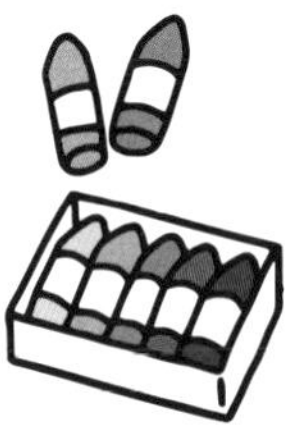

くれよ

なぞ 52

バスに　のりました。
バスを　おりる　とき
うん◎◎と　まちがえて
うんこを　出して　しまいました。
◎◎に　あてはまる
言葉は　何でしょうか。

こたえは　つぎの　ページ

なぞ52 こたえ

ちん

バスに　のるには　うんこでは　なく
うんちん（運賃）が　ひつようです。

うんちんが
ひつような
のりもの（れい）

電車
タクシー
TAXI
飛行機

100
50
10

なぞ 53

お姉さんが　自分の
しょくぎょうを
教えて　くれました。
何でしょうか。

サー

わたしの
しょくぎょうは
これよ！

ヒント　ニュースなどで　げんこうを　よむ
しょくぎょうじゃよ！

こたえは　つぎの　ページ

なぞ53 こたえ

アナウンサー

お姉さんの　しょくぎょうは
アナウンサーでした。

アナ
ウン
サー
サー

UNKO NEWS

なぞ 54

おじいちゃんが　うんこを
した　後　しりに　「お」を
はさみました。

すると　本に　はさむものが
出てきました。

何が　出てきたでしょうか。

よいしょっと
お
?

こたえは　つぎの　ページ

なぞ 54 こたえ

しおり

「しり」に「お」を はさんだので
「しおり」が 出て きました。

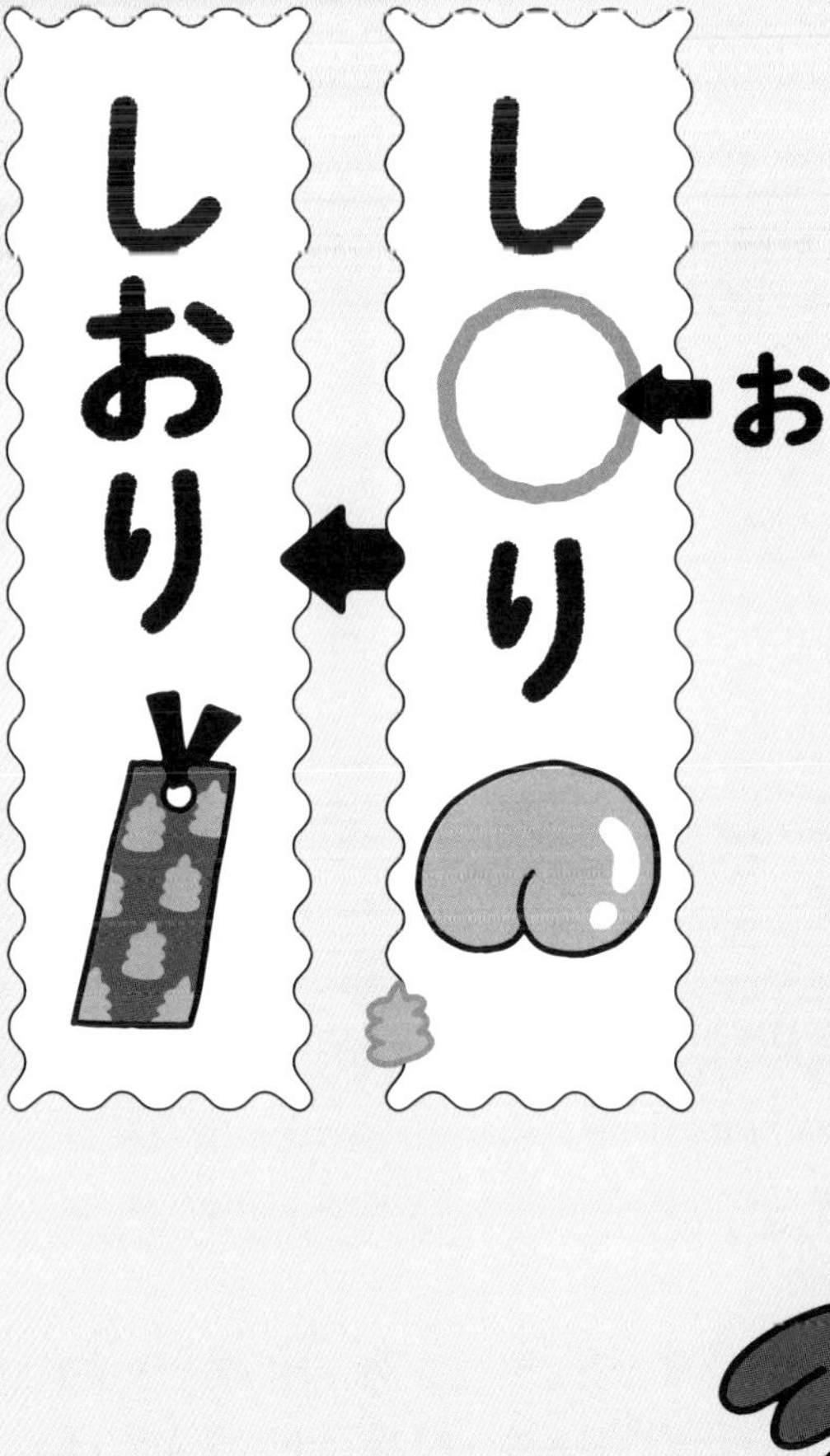

し○り
お
しおり

なぞ 55

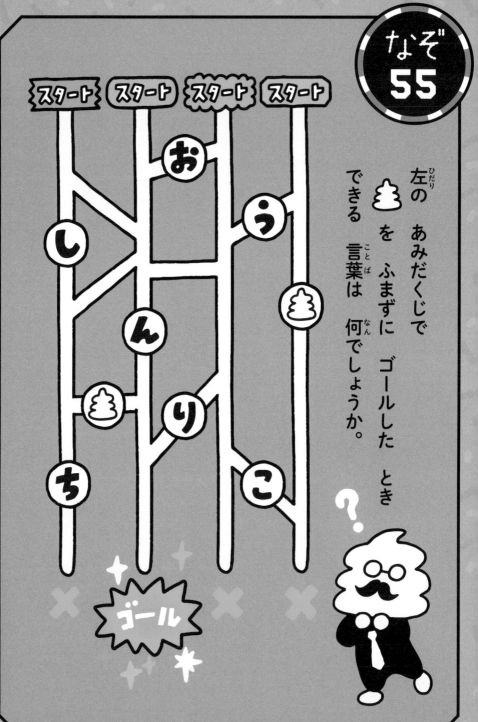

左の あみだくじで を ふまずに ゴールした とき できる 言葉は 何でしょうか。

スタート
スタート
スタート
スタート
お
う
し
ん
り
ち
こ
ゴール

?

← こたえは つぎの ページ

おしり

をふまずに ゴールすると
おしりが 出て きます。

スタート
スタート
スタート
お
う
し
ん
り
ち
こ
ゴール

わーい

1しょう
2しょう
3しょう
4しょう
じごくのページ

なぞ 56

〇に あてはまる 言葉は 何でしょうか。

あれは 小鳥かな？
〇〇！〇とりだよ！

なぞ 57

これは 何と 読むで しょうか。

おの

こたえは つぎの ページ

なぞ 56 こたえ

うんこ

「うん！ことりだよ！」と答えています。

なぞ 57 こたえ

おまる

「お」と「○」で「おまる」と読みます。

なぞ 58

刑事（※）の うんこは
大きい・小さい
どちらでしょうか。

※刑事…はんざいの そうさや はん人の たいほを しごとに している けいさつかん

なぞ 59

アイドルが うんこを
している トイレの ドアは
あいている・しまっている
どちらでしょうか。

←こたえは つぎの ページ

なぞ 58 こたえ

大きい

刑事は「デカ」なので
うんこも デカい（大きい）です。

なぞ 59 こたえ

あいている

アイドルの トイレの
ドアは 「あいとる」
（＝あいている）です。

なぞ 60

「うんこー」と　言いながら
ひっくりかえしたら
よいことが　おきました。
どうしてでしょうか。

なぞ 61

うんこを　もらした　後
ころんだら　けがを
しませんでした。
どうしてでしょうか。

こたえは　つぎの　ページ

なぞ60 こたえ

幸運だから

たからくじ
1とう
あたり

「うんこー」を ひっくりかえすと
「こー・うん」→「こーうん（幸運）」
に なります。

なぞ61 こたえ

運がついていたから

ラッキー！

うんこ（＝運）が
ついて いたから
けがを しませんでした。

とっても　てごわい
じごくもんだい
ゆっくり　ページを
めくりましょう。

うんこ大魔王からの ちょうせんじょう

じごくから うんこ大魔王が やってきました。

おれが すきな ものを あてて みろ!
ここに 書いてあるぞ!
悪

なぞ19の1 ➡ ○

なぞ42の3 ➡ ○

なぞ23の2 ➡ ○

なぞ29の2 ➡ ○

なぞ7の3 ➡ ○

ヒント

●今まで 出てきた すべての なぞなぞを とくべし。

●今までの なぞなぞの こたえから 文字を さがして つなげるべし。

ヒント

「なぞ19の1」は 46ページの どこかに ある 文字じゃ

← こたえは つぎの ページ

かぶとむし

うんこ大魔王(だいまおう)が　すきな　ものは
かぶとむしでした。

かぶとむしは
かっこいいな！

どうして？

○で かこまれた 数字は この 本の なぞなぞ番号を あらわしていて、もうひとつの 数字は こたえの 何文字目を 読めば いいのかを あらわしているからです。

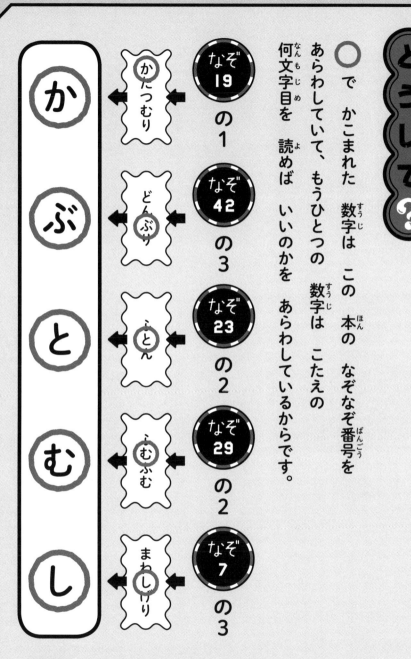

なぞ19 の1 → かたつむり → か

なぞ42 の3 → どんぶり → ぶ

なぞ23 の2 → ふとん → と

なぞ29 の2 → ふむふむ → む

なぞ7 の3 → まわしげり → し

かぶとむし

とっても むずかしい もんだいじゃったのう！

うんこせんせいから　みんなへ

うんこなぞなぞの　ないようは
あくまでも　ユーモア（ゆうもあ）じゃ！

いちぶの　なぞなぞに
かかれて　いる　こうどうを
まねしては　いかんぞい！

うんこなぞなぞ
2年生

2020年3月17日　第1刷発行
2020年4月3日　第2刷発行

なぞなぞ制作	クイズ法人 カプリティオ
デザイン	文響社デザイン室
キャラクター	小寺練
表紙イラスト	CHO-CHAN
イラスト	オゼキイサム／川原瑞丸 CHO-CHAN／村田エリー
校正	鷗来堂
編集サポート	田中梓
構成・編集協力	加藤舞
企画・編集	中村浩士
発行者	山本周嗣
発行所	株式会社　文響社 〒105-0001 東京都港区虎ノ門2-2-5 共同通信会館9F
ホームページ	https://bunkyosha.com/
お問合せ	info@bunkyosha.com
印刷・製本	中央精版印刷株式会社

おうちの方へ

本書に掲載されているなぞなぞの内容は、ユーモアによってお子さまの意欲を高めるためのフィクションです。一部のなぞなぞにおいて、お子さまが実際に真似されますと不適切な内容がございますが、本書はあくまでもなぞなぞであり、お子さまの不適切な行為を助長することを意図しているものではございません。ご理解いただけますようお願い申し上げます。